Dos corredores à direção
história de vida e dicas para se destacar no mercado de trabalho

Editora Appris Ltda.
1.ª Edição - Copyright© 2025 dos autores
Direitos de Edição Reservados à Editora Appris Ltda.

Nenhuma parte desta obra poderá ser utilizada indevidamente, sem estar de acordo com a Lei nº 9.610/98. Se incorreções forem encontradas, serão de exclusiva responsabilidade de seus organizadores. Foi realizado o Depósito Legal na Fundação Biblioteca Nacional, de acordo com as Leis nos 10.994, de 14/12/2004, e 12.192, de 14/01/2010.

Catalogação na Fonte
Elaborado por: Dayanne Leal Souza
Bibliotecária CRB 9/2162

M528d
2025
	Melo, Sheila Floro Gomes de
	  Dos corredores à direção: histórias de vida e dicas para se destacar no mercado de trabalho / Sheila Floro Gomes de Melo. – 1. ed. – Curitiba: Appris, 2025.
	  55 p. ; 21 cm.
	
	  Inclui referências.
	  ISBN 978-65-250-6621-9
	
	  1. Escola. 2. Coordenação. 3. Afeto. I. Melo, Sheila Floro Gomes de. II. Título.
	
	                                                                          CDD – 128.4

Appris
editorial

Editora e Livraria Appris Ltda.
Av. Manoel Ribas, 2265 – Mercês
Curitiba/PR – CEP: 80810-002
Tel. (41) 3156 - 4731
www.editoraappris.com.br

Printed in Brazil
Impresso no Brasil

Sheila Floro Gomes de Melo

Dos corredores à direção
história de vida e dicas para se destacar no mercado de trabalho

Curitiba, PR
2025

FICHA TÉCNICA

EDITORIAL	Augusto V. de A. Coelho
	Sara C. de Andrade Coelho
COMITÊ EDITORIAL	Ana El Achkar (Universo/RJ)
	Andréa Barbosa Gouveia (UFPR)
	Jacques de Lima Ferreira (UNOESC)
	Marília Andrade Torales Campos (UFPR)
	Patrícia L. Torres (PUCPR)
	Roberta Ecleide Kelly (NEPE)
	Toni Reis (UP)
CONSULTORES	Luiz Carlos Oliveira
	Maria Tereza R. Pahl
	Marli C. de Andrade
SUPERVISORA EDITORIAL	Renata C. Lopes
PRODUÇÃO EDITORIAL	Sabrina Costa
REVISÃO	Árie Lingnau
DIAGRAMAÇÃO	Amélia Lopes
CAPA	Carlos Pereira
REVISÃO DE PROVA	Ana Castro

A Deus, sempre! Aos meus pais, Marlene e Roberto; à minha irmã, Shirley; ao meu esposo, Paulo; à minha filhota, Maria; à minha família que me permitiu chegar até aqui e a todos os amigos, professores e profissionais que acreditam em mim.

Que o amor, que eu tanto acredito ser transformador de realidades, possa se fazer sentido por cada um que parou para ler essa história.

PREFÁCIO

Entre as pessoas que me rodeiam, conheço algumas que tiveram filhos; umas poucas plantaram uma árvore. Mas conto nos dedos de uma única mão quem escreveu um livro. Não é difícil de entender: a tarefa é árdua. Produzir uma obra autoral exige não só muito conhecimento, mas também — e, talvez, principalmente — doses consistentes de motivação e perseverança.

É normal que as pessoas se sintam seduzidas pela ideia de criar sua própria composição. Eu já ouvi mais de uma vez a frase "Um dia, vou escrever meu livro!" Eu mesma já vi esse pensamento rondar algumas vezes a minha cabeça. Para grande maioria, entretanto, são palavras que ficam no ar, que nem aquele "vamos marcar alguma coisa" que a gente diz quando encontra um velho conhecido (e a vida passa, e a gente nunca marca nada).

Quando, entretanto, Sheila me contou que pretendia escrever esta obra, não duvidei nem por um minuto que ela, diferentemente da maioria, concretizaria seu sonho. Nesses mais de dez anos em que nossas vidas se cruzaram nos corredores de uma escola, aprendi que poucas pessoas são tão obstinadas e resilientes quanto ela. E o fato é que nenhuma meta é impossível para quem se dedica de corpo e alma a tudo que faz.

No livro que você tem em mãos, Sheila não só compartilha sua trajetória, mas também oferece uma verdadeira aula sobre superação e aprendizado contínuo. Cada capítulo revela como, desde os primeiros passos como estagiária, ela enfrentou desafios e transformou-os em oportunidades de crescimento. Com humildade e persistência, subiu degrau por degrau, conquistando seu espaço e se tornando uma referência na educação.

O que torna a história de Sheila ainda mais inspiradora é que ela nunca se acomodou ou se contentou com o óbvio. Ao longo de sua jornada, enfrentou obstáculos que, para muitos, pareceriam intransponíveis, motivos para desistir. Sua coragem e capacidade de se reinventar em cada fase da vida e da carreira conduziram-na a uma merecida posição de liderança, mas sem nunca perder de vista os valores que sempre nortearam sua vida profissional: a paixão pela educação e o compromisso com a formação de indivíduos.

Neste livro, mais do que relatos de sucesso, Sheila compartilha reflexões valiosas sobre a importância de acreditar em si mesmo, de valorizar o trabalho em equipe e, acima de tudo, de aprender todos os dias com os erros, com os acertos, com os colegas, com os estudantes e com a vida. Ela nos lembra que, no ambiente escolar, é preciso ter paciência, resiliência e uma visão clara dos objetivos, sem nunca esquecer que cada aluno é único e merece ser compreendido em sua individualidade.

Assim, este livro se torna não só uma fonte de inspiração para quem deseja seguir carreira na educação, mas também um testemunho de como a dedicação e a paixão podem transformar vidas — tanto a de quem ensina quanto a de quem aprende. Sheila nos convida a refletir sobre nossos próprios caminhos e a acreditar que, com trabalho duro e foco, podemos alcançar o que antes parecia impossível.

Manuela Amorim
Professora de Língua Portuguesa

SUMÁRIO

INTRODUÇÃO 11

POR ONDE TUDO COMEÇOU 13

DO ESTÁGIO À PROFISSIONALIZAÇÃO 17

PARA SER COORDENADOR É PRECISO, ANTES, SER PROFESSOR? 20

DA SOBRECARGA AO ADOECIMENTO MENTAL 23

PETROLINA E O AMADURECIMENTO 28

UMA PARCERIA QUE DEU CERTO 30

A PROFESSORA DA EJA 33

SOBRE AFETIVIDADE E LIDERANÇA 36

DICAS PRÁTICAS SOBRE COORDENAÇÃO, GESTÃO E VOCÊ 39

O INSTAGRAM E A AUTOESTIMA 45

A SÉRIE "EU APRENDI COM..." 47

SOBRE FÉ, AMOR E SONHOS 52

REFERÊNCIAS 54

INTRODUÇÃO

    Era madrugada do dia dez de abril de 2023, minha pequena Maria (que acabara de completar dois aninhos) estava doente, e eu estava de plantão, com insônia e cheia de medo da febre dela subir. Foi nesse cenário adverso que tudo começou. Eu já tinha o desejo, então resolvi começar a rascunhar aquilo que eu chamei de "meu primeiro livro". Comecei digitando no celular, na cama, numa conversa comigo mesma no WhatsApp; depois fui para o computador e logo fui pensando no título. Não demorou muito para que eu estivesse planejando a festa de lançamento *risos*. Mas também não demorou para que a correria do trabalho me fizesse parar de escrever.

    Fazendo valer o ditado "há males que vêm para bem", foi num momento de deserto e dificuldade, quando fui diagnosticada com burnout e ansiedade generalizada e, consequentemente, fui obrigada a parar de trabalhar, que decidi retomar a escrita do meu tão sonhado livro. E sabe o que aconteceu? Eu precisei me afastar do celular (já que celular e trabalho eram sinônimos) e só necessitava repousar para não adoecer mais. No trabalho, não tive coragem de falar a verdade sobre meu diagnóstico, por medo de abalar a minha equipe. Para quem sempre teve uma vida ativa, trabalhando os três turnos, parar bruscamente foi um susto (e que susto!). A cabeça não parava de pensar e eram muitos "e se" que ecoavam na minha mente! Um verdadeiro labirinto que me fez me reconectar comigo mesma, olhar para mim, para a minha história de vida e para tudo aquilo que construí e fui conquistando ao longo da minha trajetória. Mas também foi um momento que me permitiu (ainda que forçadamente) parar para olhar a minha família, em especial a minha filha de três anos, que tinha uma mãe que trabalhava tanto e não a conseguia priorizar. Como era de se esperar, essa era uma culpa que eu carregava. Num momento de adversidade, aconteceu tudo que eu precisava para recomeçar a escrever esta obra, que mescla história de vida, troca de experiências, saberes, vivências, dicas, liderança, docência, gestão educacional e coordenação pedagógica. Mas naquele momento, entendi que, sobretudo, o que eu mais precisava era me reaproximar de Deus.

POR ONDE TUDO COMEÇOU

Nasci em 17 de junho de 1989, na cidade do Recife, Pernambuco, em um berço familiar humilde, mas onde nunca me faltou amor. Minha mãe, Marlene, havia se formado no Magistério, mas não seguiu a carreira docente. Meu pai, Roberto, havia se formado técnico em contabilidade, mas dedicou-se à mecânica automotiva, na oficina de consertos de carro do meu avô Ferreira. Meus pais se conheceram em uma empresa do comércio em que chegaram a trabalhar juntos e casaram, e os frutos dessa relação fomos eu e minha irmã gêmea, Shirley.

As dificuldades começaram aí: surpreendida por uma gestação gemelar, a minha mãe precisou parar de trabalhar para cuidar de duas crianças. E, conforme fomos crescendo, as necessidades foram aumentando. Na época, morávamos em um bairro no subúrbio de Jaboatão dos Guararapes e parecia que estávamos sempre longe de tudo. Apesar disso, posso dizer que tive (e tenho!) uma família abençoada e devo tudo que sou a ela. Meus tios faziam "cotinha" para pagar os nossos estudos e materiais escolares (meu e da minha irmã). É bem verdade que não tivemos tudo que queríamos ter! O "apertamento" (era assim que eu chamava nosso pequeno lar) era simples, não tinha móveis novos e minha mãe chegava a ter vergonha de receber visitas. Eu e minha irmã não podíamos brincar na rua e, muitas vezes, era por trás das grades que tentávamos brincar com os vizinhos.

Hoje, olhando para trás, eu posso entender o quanto tudo isso foi importante para mim. Com toda humildade do mundo, mas com uma consciência gigante de que o melhor que nos poderiam oferecer eram os nossos estudos, meus pais oportunizaram que eu e Shirley, minha irmã de quem tanto me orgulho por sua força e inteligência, conquistássemos o nosso espaço.

Mas vamos lá: quem me alfabetizou foi a doce tia Hélia, a vizinha professora que morava em meu prédio e nos dava aulas de reforço. Foi só na pré-alfabetização que eu e minha irmã começamos a frequentar a escola, o Centro Educacional Tereza de Jesus, localizado perto de nossa casa, local onde concluímos o antigo "primário" (atual ensino fundamental I). Por lá conheci muitas "tias" importantes: tia Ana Amélia, tia Joseane e tinha até minha xará, tia Cheila, que me faziam, cada uma com seu jeitinho, admirá-las pela doçura e competência.

Todo término de ano era um verdadeiro sofrimento, porque a gente não sabia como seria o próximo, já que nossos pais não tinham condições de arcar com os custos de uma educação particular. Mas a família sempre dava um jeitinho: de vinte em vinte reais, a gente tinha a escola garantida. Até que chegou o momento em que fomos estudar em um outro bairro, no Recife, no Colégio Santa Bárbara, de Dona Maurina e Seu Arruda. A cada ano que se passava, vinha a angústia de como seria o seguinte, até que foi ficando difícil meus tios continuarem assumindo os custos, que sempre aumentavam. Foram anos de livros divididos e/ou livros de professor que minha mãe apagava com corretivo para a gente não ter acesso aos gabaritos. Mas valeu cada sacrifício. Minha tia Eci assumiu todos os nossos gastos escolares até concluirmos o ensino médio.

Sempre fomos boas alunas, eu e minha irmã. Naquela época, tinha essas coisas de medalha e certificado por desempenho. Aí a gente se dividia: quando eu era ouro, ela era prata; quando ela era ouro, eu era prata. Tinha mês que o certificado era dela, tinha mês que era meu (era uma disputa danada *risos*).

Tínhamos muito medo de estudar em escola pública, porque era precária a situação, sem falar na vulnerabilidade social. Minha mãe dizia: "se ficar em recuperação vai estudar na frente de casa", onde tinha uma escola pública, mas a gente preferiu não pagar para ver.

Terminamos o ensino médio, e minha irmã se classificou numa seleção como técnica em Enfermagem. Na verdade, fizemos a mesma pontuação, mas o curso que escolhi não foi suficiente para me classificar. Fui, então, estudar em um pré-vestibular, custeado pela minha tia, enquanto eu procurava um emprego fixo, que consegui somente no segundo semestre. Enquanto isso, trabalhei informalmente como manicure, vendia galinha em uma granja no centro de Prazeres, um bairro de Jaboatão dos Guararapes, e também vendia várias revistas. Em 2009, ingressei na Universidade Federal de Pernambuco (UFPE) e não poderia ficar mais radiante. Trabalhava, durante o dia, como "bilheteira" (foi assim que registraram a minha carteira, mas eu não vendia bilhetes de circo, *risos*, vendia ingressos de shows para a antiga casa de show Chevrolett Hall). Depois, em 2010, resolvi largar o emprego e ser estagiária, lá na direção de ensino do Instituto Federal de Pernambuco (IFPE), lugar onde aprendi demais e fiz muitos amigos. Foram cinco anos de graduação mais uma grande greve e muitas renúncias. Um estágio não era suficiente para arcar com as passagens de ônibus e as famosas xérox da faculdade, tampouco com as pipocas, os biscoitos Treloso (marca de Recife bem conhecida e popular) e, de vez em quando, uma "tapioca da Tia". Isso porque eu pouco usufrui do restaurante universitário. Então logo corri para mais um estágio, numa escola de referência, na zona sul do estado de Pernambuco, o Colégio Motivo.

Diariamente, eu acordava às 4h da manhã para poder pegar o ônibus que saía às 4h50 e dar tempo de iniciar as atividades às 6h40, em Boa Viagem. Para facilitar a correria, eu já vestia a farda por cima da roupa do outro estágio (coisa de doido, mas era o que dava para fazer). Eu saía correndo para a Cidade Universitária, enfrentando os ônibus lotados e o trânsito intenso da cidade. Saía às 12h40 de um e pegava às 14h no outro. Depois largava às 18h e ia caminhando, por dentro da universidade, do IFPE até o Centro de Educação. Quando dava tempo e o dinheiro era suficiente, comia uma tapioca, quando não, assistia às aulas comendo pipoca ou biscoito Treloso. Ainda dei uma frequentada no restaurante universitário da UFPE, porque era "comida de verdade", mas muitas vezes não dava tempo. Largava às 22h e, se não perdesse um dos ônibus (eram três), chegava à minha casa antes da meia noite. Esse foi um resumo de como tudo começou e, mais na frente, vou contar para vocês alguns desafios, superações e tantas outras histórias.

DO ESTÁGIO À PROFISSIONALIZAÇÃO

Foi o estágio que me permitiu chegar onde cheguei. No meu primeiro estágio, tive a oportunidade de aprender com grandes profissionais. O primeiro deles foi o professor Moacir Machado que, na época, era Diretor de Ensino do IFPE – Campus Recife. Ele me fez crescer e amadurecer. Eu fazia a análise e o parecer de processos pedagógicos, junto com as minhas amigas Giselle e Fátima, e ele sempre contribuía com a minha formação. Também tive a oportunidade de aprender com o professor Valbérico Albuquerque e com a professora Marlene Cardoso (uma honra poder ter recebido a contribuição de cada um deles em minha trajetória).

Eu passei dois anos lá no IFPE e depois continuei minha vida no bairro de Boa Viagem, onde tudo aconteceu de forma muito rápida. Comecei no Colégio Motivo como estagiária; um ano depois fui contratada como auxiliar de coordenação e, no outro ano (o da minha formatura), já assumi a coordenação do primeiro ano do ensino fundamental. Em seguida, tornei-me responsável pelas coordenações do terceiro ao quinto ano e, no ano seguinte, assumi a coordenação de todo o segmento do ensino fundamental (do primeiro ao quinto ano). Eu sempre fui muito esforçada, comprometida, disposta a trabalhar e assumia constantemente "postura de dono". Eu não costumava dizer "não é comigo, não": sempre ia atrás de resolver qualquer problema com quem quer que precisasse. Em paralelo a isso, encontrei alguém que acreditou em mim, minha primeira coordenadora,

Márcia Siqueira, que foi me dando oportunidades de mostrar meu trabalho. Eu posso dizer que corri atrás da minha profissionalização, acertando, errando, superando os desafios, mas nunca esperando chegar tudo pronto para mim. Hoje, nas formações que eu tenho a oportunidade de ministrar, sigo trazendo a reflexão que guiou meu próprio percurso: primeiro a gente planta; depois a gente consegue colher. O fato é que vejo muito, especialmente nas novas gerações, a necessidade gigante do "ter" e "ter agora", o que desconsidera todo o processo do plantio e, consequentemente, da colheita. Então, se eu posso deixar dicas que, para mim, foram fundamentais, eu vou compartilhar com vocês. Mas uma coisa é certa: dificilmente "ter tudo na vida" vai impulsionar a buscar a própria essência e fazer alguém se destacar no mercado profissional.

Atenção, estagiário!

Seja comprometido!

Realize suas atividades com responsabilidade.

Cumpra seus horários!

Pontualidade é sinal de respeito e também tem a ver com comprometimento.

Inspire-se em alguém!

A observação de um profissional que tem postura e conduta exemplares é inspiradora.

Priorize os seus estudos!

O conhecimento da teoria vai ajudar no momento da prática.

Peça ajuda!

Ouvir a experiência do outro vai lhe ajudar.

Não desista!

As dificuldades certamente vão aparecer, mas elas podem ser superadas.

Lembre-se: o seu desempenho no estágio pode possibilitar uma futura contratação! Salve essas dicas e coloque-as em prática! Comigo, elas funcionaram!

PARA SER COORDENADOR É PRECISO, ANTES, SER PROFESSOR?

Do ponto de vista da formação, SIM!

Mas a resposta é NÃO se estivermos falando de experiência profissional!

É claro que, além de ter um diploma de licenciatura, a experiência docente ajuda (e muito!). O fato, entretanto, é que ela não é essencial.

Eu mesma sou exemplo disso: quando me tornei coordenadora, minhas únicas experiências em sala de aula tinham sido nos estágios de regência.

No meu caso, tive a oportunidade, antes de me tornar coordenadora, de estagiar um ano como auxiliar de coordenação e, no ano seguinte, de ser contratada como auxiliar de coordenação.

O caminho que trilhei não foi fácil, já que eu precisei, mesmo longe das salas de aula, mergulhar no universo da docência para me sentir mais segura nas orientações pedagógicas dadas aos professores. E sabe uma coisa que me ajudou (e ainda me ajuda) MUITO? OUVIR OS PROFESSORES que coordenava com empatia, de coração aberto!

E os desafios? Ah, foram diversos, especialmente no início. Alguns professores foram resistentes a me aceitar como coordenadora porque, além da minha falta de experiência regendo aulas, eu era muito jovem quando comecei! E o preconceito existia. Era como se eu não tivesse nada a contribuir: foram olhares de canto de olho, respostas truncadas. Isso mexia muito comigo: lembro que um dia eu tive uma crise de choro, eu pensei que tinha chegado a hora de desistir. Havia uma professora que, por mais que eu fizesse e estivesse junto a ela, parecia que eu não acertava nada! Ela reclamava de tudo. Eu não sei dizer qual foi o momento, mas, de alguma forma, ela se deu conta que eu só queria ajudar, e a nossa relação se tornou mais do que especial.

> Ser um bom professor não é suficiente. Sabemos que as funções de professor e CP não são as mesmas e, portanto, remetem a um conjunto de competências distintas. A prática docente, entretanto, parece ser o ponto de partida da maioria dos educadores que ingressam na carreira. (...) A coordenação pedagógica exige que o educador que está nesse cargo assuma o lugar de um profissional mais experiente, que supervisiona a prática dos professores. Ser um excelente professor alfabetizador, por exemplo, não é suficiente para realizar bem a formação permanente de professores alfabetizadores (Monteiro, 2012).

Entenda o papel do coordenador pedagógico na escola:

> [...] O CP assume um papel preponderante. Afinal, é ele quem está ao lado do professor e tem condições para concretizar as políticas de formação permanente. Ele deixa de ser o fiscal das práticas educativas e o gerente responsável pelas atividades burocráticas e administrativas e se coloca como corresponsável pela sala de aula, pelo trabalho realizado pelo professor e pela qualidade da aprendizagem dos alunos. Ele faz parte do corpo docente e sua função principal vai se dividir entre a formação de professores e a articulação do projeto político-pedagógico. Terá de reconhecer que sua função precípua é a de ser formador e articulador para não se deixar engolir pelas demandas do cotidiano (Monteiro, 2012).

O que eu quero dizer aqui é que, apesar dos desafios, é possível, SIM, quando se tem o desejo de aprender, ser coordenador pedagógico antes mesmo de atuar como professor. E o segredo: muito estudo e humildade!

DA SOBRECARGA AO ADOECIMENTO MENTAL

Não é surpresa para ninguém o quanto as questões de sobrecarga de trabalho podem levar ao adoecimento mental. E, infelizmente, também passei por isso. Eu trabalhava muito, muito mesmo, e ainda não tinha filhos nem marido. Literalmente, vivia para o trabalho. Comecei muito nova, com tantas responsabilidades e, para dar conta de tudo, como boa perfeccionista que sou, não media esforços. Tinha hora para pegar, mas para largar... nem pensar! Queria fazer o meu melhor e entregar tudo certo, e não colocava na balança o custo disso. Custou a minha saúde.

A imaturidade nos faz querer centralizar as atividades, porque a gente entende que tudo aquilo que está sob o nosso controle é mais fácil de dar certo. Pena que a gente só aprende com o tempo. Tenho muita clareza que algumas práticas das escolas ignoram a saúde e o bem-estar do colaborador, mas tenho, hoje, mais madura, o entendimento que eu tenho minha parcela de culpa por não ter conseguido estabelecer meus limites. E, infelizmente, passei por isso mais de uma vez! A verdade é que não aprendemos a escutar ou sentir o nosso corpo, que fala e até mesmo grita. E quero esclarecer para vocês que impor limites não é simplesmente se utilizar do discurso "não é comigo, não". Existe uma distância muito grande entre esquivar-se de uma situação-problema e impor limites (vale essa reflexão). Eu acredito em um profissional que põe, sim, a "mão na massa"! Até mesmo porque eu posso repensar melhor as práticas se eu as vivencio. Mas o alerta que faço é quando a gente naturaliza a sobrecarga e começa a viver assim: na teoria, eu inicio as atividades no trabalho às 7h e finalizo às 17h, mas, na prática, diariamente início às 6h30 e nunca consigo sair no horário. E sabe o que é pior? Quando se leva o trabalho para casa porque o tempo no ambiente de trabalho nunca é suficiente. Então se isso já começou a ser frequente no seu dia a dia, estabeleça limites, trabalhe com prioridades, estude para melhorar suas práticas e não cair na sobrecarga.

    O ano era 2017, e meu corpo começou a apresentar claros sintomas de sobrecarga e de exaustão, e, ainda assim, eu demorei a entender os sinais. De repente, eu acordava no hospital porque havia desmaiado na quadra da escola, na descida do ônibus ou em qualquer situação que me remetesse ao trabalho. Fiz vários exames, muitos mesmo, e todos estavam normais. Até que, em uma última emergência, escutei a conversa dos médicos falando que era um quadro de DNV. Eu fiquei sem chão, pois minha irmã era enfermeira e me falava que isso significava Distúrbio Neurovegetativo, um quadro que tinha relação com questões emocionais, e não físicas. Eu saí da urgência arrasada, com um encaminhamento para atendimento psiquiátrico. Essa nova realidade mexeu comigo: ainda existia muito preconceito, e eu não queria ser vista como doente. E a minha competência? Com certeza seria colocada em xeque. Mas eu tive o apoio da minha família, dos amigos e de um psiquiatra maravilhoso, que não me "dopou" e me fez entender que a vida era muito mais do que somente trabalho. Eu saí do consultório de Dr. George decidida! Fui direitinho até a sala do meu chefe e pedi demissão. Eu tinha anos de empresa, uma história linda e muitos amigos, mas eu estava doente e precisava parar. Depois desse dia, eu não tive absolutamente mais nada, nenhum desmaio, nenhum problema de saúde físico. Fiz seis meses de tratamento e busquei estar sempre em psicoterapia.

Sete anos mais tarde, já em outra instituição, comecei a sentir meu corpo trazer claros sintomas de exaustão. Dessa vez, mais "experiente", consegui entender mais rapidamente o que estava acontecendo comigo. Procurei ajuda com mais rapidez e fui diagnosticada com burnout e ansiedade generalizada (e eu achava que tinha aprendido a minha lição sobre excesso de trabalho).

Dessa vez, aprendi que o burnout também tem a ver com a forma como você lida com o trabalho. E, consequentemente, precisei fazer escolhas: parei de trabalhar 12h40 por dia, já que eu me dividia entre a rede privada e a rede pública, na qual era concursada.

A importância do processo terapêutico no cuidado com a saúde mental é fundamental para quem atua com as diversas nuances da educação, seja na docência ou nos cargos de liderança, que tanto exigem dos profissionais.

Quem me acompanha sabe o quanto falo sobre a importância de o coordenador estabelecer uma rotina e de priorizar atividades formativas. O fato é que sei o quanto isso é difícil, considerando que as funções do coordenador ainda não são tão claras e que, muitas vezes, estão atreladas a atividades mais burocráticas e/ou de sistemas, que acabam "engolindo" a rotina desse profissional.

Nos últimos tempos, em especial da pandemia para cá, vejo coordenadores estudando estratégias e buscando intervenções preventivas para cuidar da saúde mental de estudantes e professores.

Quando se tem o suporte do psicólogo escolar, essa missão torna-se mais leve, tendo em vista que esse profissional tem mais propriedade para cuidar das emoções no ambiente escolar. Além disso, um projeto de intervenção realizado em parceria entre os dois, psicólogo e coordenador, tende a obter melhores resultados. A grande questão é que muitas escolas sequer têm um psicólogo na equipe.

Evidentemente, o coordenador deve estar atento para que estudantes e professores vivenciem, nas escolas, situações de equilíbrio emocional, de articulações de aprendizagens, de mediação de conflitos e de tantos outros desafios. Entretanto, precisamos ficar em alerta para essa cobrança não tomar um espaço que impeça o coordenador de olhar para si mesmo.

São muitas as pesquisas sobre o adoecimento mental de estudantes e professores nas escolas, mas precisamos olhar, também, para o coordenador, para o gestor, para o psicólogo e demais profissionais da educação. Aqui, meu alerta é para o coordenador, que vive "apagando incêndios", precisando dar conta de tudo e de todos e, ainda, da saúde mental nas escolas nos tempos atuais!

E quem cuida do coordenador?

Eu cuido e tenho estudado MUITO para cuidar melhor e ajudar outras pessoas a terem esse olhar e, principalmente, ajudar esse profissional a olhar para si, a ressignificar as suas práticas, a sair da sobrecarga e PRIORIZAR a sua saúde mental.

Confira as dicas que separei para alertar o coordenador a entender os sinais de sobrecarga e não cair no adoecimento mental.

Eu me importo com você!

Então, se você perceber sinais de sobrecarga, observe essas dicas e se cuide!

5 dicas para o coordenador sair da sobrecarga e não cair no adoecimento mental

1. Entenda a sua real função

Estudar sobre o papel do coordenador é o primeiro passo para ajudar você a entender os limites entre a sua função e a sobrecarga

2. Aprenda a delegar

Aprender a delegar é um desafio, mas vai ajudar você a entender que o coordenador não precisa (nem consegue) fazer tudo sozinho

3. Organize a sua rotina de trabalho

Priorizar a organização do seu dia a dia vai ajudar a não ser "engolido" por essa intensa rotina

4. Dedique um tempo para você

Acrescentar atividades de autocuidado na sua rotina vai melhorar o seu bem-estar

5. Tenha um espaço de fala

Procurar um acompanhamento psicológico, por exemplo, vai dar a você a oportunidade de falar ou elaborar melhor sobre as suas relações, bem como ajudá-lo a encontrar novas ferramentas para a resolução de conflitos diários e estratégias para o controle da ansiedade e do estresse

PETROLINA E O AMADURECIMENTO

Eu já havia decidido recomeçar, mas coloquei mais de 30 currículos no mercado, e parecia que ninguém estava me vendo. Meus dias de afastamento estavam encerrando quando recebi uma proposta para não sair da empresa, mas para ajudar no segundo ano de funcionamento da escola em outro município, no sertão do Pernambuco. E lá fui eu! Cheia de coragem, animada para recomeçar. Foi uma mudança e tanto. Lá eu pude compartilhar toda a minha experiência de anos de instituição, conhecer pessoas e profissionais incríveis. Uma verdadeira virada de chave. Eu era noiva, e meu noivo mudou-se também para Petrolina. Casamo-nos no ano seguinte e, aos poucos, fomos conquistando nosso espaço, fortalecendo nossa vida a dois. Lá eu pude ver o quanto eu conquistei, ainda tão nova, a partir dos meus estudos e da minha vontade de mudar a minha vida e a vida da minha família. Foi um ano de fortalecimento, de autorreconhecimento e de entendimento que já havia passado tempo suficiente naquela empresa e que meu ciclo ali precisava encerrar para eu construir uma nova história. Sempre fui muito transparente com as minhas chefias e pude externar meu sentimento/desejo de mudança.

Inesperadamente, recebi uma ligação de Recife: era um convite para uma entrevista. Foi um bate-e-volta Petrolina-Recife-Petrolina que mudou a minha história (mais uma vez!).

Eu fui muito feliz em Petrolina, morei em hotel, dividi apartamento com uma grande amiga, Vanessa, depois casei, fiz compadres... foram muitas experiências que só me fizeram ter um carinho enorme por essa cidade e pela sua vizinha, Juazeiro (onde conheci pessoas e profissionais incríveis, que me ensinaram muito).

UMA PARCERIA QUE DEU CERTO

Eu nunca passei por uma experiência de ser desligada de uma empresa, sempre pedi ou fiz acordos, mas na época em que eu estava mais desesperada por um novo emprego, parecia que ninguém me enxergava. Lembrem que eu disse que coloquei mais de 30 currículos... e nada! Mas, como tudo é no tempo certo, eu, ainda em Petrolina, recebi a ligação da professora Betânia — referência em Educação na Zona Norte do Recife — fazendo-me um convite para uma entrevista. E foi o tal bate-e-volta, do qual falei anteriormente. Marcamos a entrevista num café, em um grande shopping do Recife. E lá começamos a nossa história. Eu só aceitei uma água, porque estava ansiosa demais para que desse tudo certo. Eu poderia voltar a morar em Recife, minha cidade natal, onde toda a minha família vivia. Eu, muito católica, fiz minhas orações e pedi a Deus que me mostrasse a escolha certa. Seria o melhor continuar em Petrolina e me desligar após anos de empresa? Ou recomeçar em Recife, com o suporte da minha família? Eram muitas perguntas na minha cabeça e presencialmente, durante a entrevista! Eu mal toquei na água. De repente, senti que minha correntinha com a medalhinha de São Bento havia caído. Começamos, eu e os dois diretores que me entrevistavam, a saga da procura da medalha que era tão importante para mim. Não localizamos, finalizamos a entrevista e fui me organizar para me dirigir à rodoviária (pois só consegui voo para vir para Recife). Estava arrasada, pensando que era um sinal de que aquela não era uma boa hora para uma grande mudança. Até que fui ao banheiro e, quando tirei a roupa, a minha medalhinha caiu no chão — ela esteve sempre comigo. Depois de um alívio inicial por ter "recuperado" um objeto tão significativo para mim, foram 12 longas horas de viagem, com a cabeça a mil, tentando entender aquele "sinal". Afinal: eu devia ou não voltar para Recife?. No dia seguinte, recebo a ligação da professora Betânia, dizendo que a vaga era minha. E assim, num bate-e-volta, minha vida (de novo) mudou!

E sabe uma coisa engraçada que ninguém acredita quando eu conto? Um ano antes de ser chamada, eu estava deixando currículos em várias escolas. Estava eu em uma parada de ônibus, na Praça de Casa Forte, quando vinha uma professora com a farda do Colégio CASAFORTE, e eu a perguntei: "Onde fica essa escola?". Ela me respondeu: "Fica aqui, na praça". De repente, meu ônibus apontou, e eu disparei: "Você poderia deixar meu currículo lá, por favor?!". E entreguei o envelope. Ela respondeu: "Claro". Até hoje, eu não tenho a mínima ideia de quem ela seja, mas sei que sou muito grata a ela por ter sido ponte para uma história de recomeço e de sucesso em minha vida.

Cheguei ao CASAFORTE com uma vontade gigante de fazer a diferença, depositei todo o meu aprendizado, a minha experiência e o amor que eu tenho pela educação nesse projeto. E a professora Betânia me permitiu sonhar o sonho dela! Minha nossa! Isso era muito intenso e especial para mim! Eu me enxergava como uma menina diante de uma profissional "famosa", que eu admirava pela história de vida, pelo exemplo de mulher educadora e pela competência que dispensa comentários. Com o tempo, a nossa relação foi crescendo, fortalecendo-se. Obviamente, também havia algumas discordâncias: às vezes, a gente estava de bico uma para outra (mas eu aprendi muito com isso, e imagino que ela também!). Sempre respaldei meu trabalho na verdade, na transparência e naquilo em que eu acredito. E, em nenhum momento, eu escondi isso dela e dos dois filhos (os diretores) com quem pude aprender e trocar experiências. Fazer educação, com responsabilidade, é deixar de lado vaidades bobas, é reconhecer quando se erra, mas é, sobretudo, tentar. Não acerta quem não tenta! E eu tive o privilégio de ser acolhida por uma profissional que acreditou no meu potencial e me permitiu contribuir com esse projeto lindo, do qual tanto me orgulho de ter feito parte. No CASAFORTE, eu fui gestora educacional e terminei como diretora pedagógica. Nunca pensei que, aos 32 anos, pudesse ser diretora de uma renomada instituição de ensino. Orgulho-me de ter podido fazer parte de várias conquistas da história da instituição. E sabe qual foi o segredo? Eu fui eu mesma, acreditei no meu potencial, trouxe as minhas contribuições, abracei muito, chorei muito também, mas sempre pude dizer o que pensava e o que sentia, sem nunca renunciar ao respeito. Tenho muito orgulho e gratidão por tudo que eu aprendi e pelo tanto que cresci enquanto estive à frente do CASAFORTE.

A PROFESSORA DA EJA

Pois é. Também sou professora concursada pelo município de Jaboatão dos Guararapes.

Eu havia feito a prova em 2015, porque julgava importante para minha carreira ter um vínculo público efetivo. Esperava a tão sonhada "estabilidade". A convocação, entretanto, chegou apenas dois anos depois que eu voltei de Petrolina, em 2020. Desde então, fiquei nas duas funções: durante o dia, na gestão educacional e, à noite, aprendendo e ensinando aos meus alunos da Educação de Jovens e Adultos. Um verdadeiro presente! Poucos sabem, mas, durante toda a minha graduação, eu me dediquei à Educação de Jovens e Adultos. Para além de ter uma afinidade com o tema, o fato de trabalhar durante o dia fazia da noite o meu campo de pesquisa. Eu e minha grande amiga Deborah nos dedicamos a estudar sobre as práticas infantilizadoras na EJA. E nada pôde ser mais gratificante do que poder atuar nesse campo em que tanto buscava fazer a diferença.

As práticas infantilizadoras vêm permeando o campo da Educação de Jovens e Adultos (EJA) há muito tempo. É importante que reflitamos sobre nossas práticas.

Há alguns anos, eu e Deborah analisamos se as práticas infantilizadoras (incoerentes com a realidade e a idade dos estudantes, mas frequentemente respaldadas na lógica infantil do ensino) estavam relacionadas à formação docente generalista do pedagogo. Os resultados apontaram que não poderíamos, na época, relacionar a prática infantilizadora apenas à formação docente generalista.

Esse assunto promove uma reflexão teórica importante para o campo curricular acerca das especificidades da EJA. E que não deve morrer!

Compartilho, então, uma dica literária para quem deseja mergulhar nas especificidades da Educação de Jovens e Adultos (EJA): a obra é *Alfabetizar letrando na EJA*, dos autores Telma Ferraz Leal, Eliana Borges Correia e Artur Gomes de Morais. Ela me ajudou demais nos estudos para esse público.

Os autores trazem uma boa fundamentação teórica e sugerem propostas didáticas, sempre considerando a realidade dos estudantes da EJA, o que nos permite associar a teoria com a prática. Para quem defende uma educação sensível, que considera a realidade e a idade desses estudantes e que se distancia de práticas infantilizadoras, vale muito a pena a leitura!

Agora um relato: *Paulo foi meu aluno da Educação de Jovens e Adultos (EJA) desde 2020, ano em que a pandemia começou. Nesse ano, tivemos pouco mais de um mês de aulas presenciais, e tudo parou. Até outubro de 2021, quando voltamos ao presencial na EJA, as "aulas" eram somente atividades complementares para os estudantes fazerem em casa, sem suporte. Foi só no final do ano que a rotina da escola voltou, e fomos, até dezembro, recomeçando as atividades.*

Quando o conheci, no Módulo III (referente ao quarto e quinto anos do fundamental), Paulo não sabia ler, mal conhecia as letras. Completando um mês da retomada das aulas presenciais, em 2022, (acreditem!) Paulo, me surpreendeu: estava lendo, gente! Palavras simples, mas com autonomia! Queria ler tudo! Até na vez dos outros colegas! Apesar de todo o cenário adverso, Paulo conseguiu conquistar esse grande feito, que poderá transformar a sua vida. Como professora, me senti orgulhosa e profundamente feliz. E ainda tive a oportunidade de acompanhar o encerramento do ciclo dele, no Módulo V, último módulo do ensino Fundamental. E Paulo agora partiria para o ensino médio. Meu Deus, como eu sou grata pela oportunidade de ter aprendido com Paulo e com tantos outros que passaram por mim! Sem sombra de dúvidas, eu aprendi muito mais do que ensinei! Quanto orgulho eu tenho de cada um! Que eu possa ter deixado um pedacinho de mim em cada um deles!

SOBRE AFETIVIDADE E LIDERANÇA

Em 2019, eu tive a oportunidade de conhecer Emília Cipriano no maior evento de educação da América Latina, a Bett Brasil, realizada em São Paulo. Participei de sua palestra, comprei seu livro e, simplesmente, fiquei encantada com seu trabalho, porque ela falava sobre algo que eu tanto acreditava: afeto.

Durante todos esses anos, trabalhando com educação, crianças, adolescentes, pais, professores e coordenadores, sempre acreditei no poder da afetividade e de tudo que conseguimos conquistar através dela.

Eu aprendi que podemos aprender de duas formas: pelo amor ou pela dor. De verdade, eu prefiro aprender pelo amor e afeto. E sigo a mesma lógica para o ensinar. Mas preciso concordar que existem pessoas que preferem (ou só conseguem) aprender pela dor, pela perda, mesmo que, para mim, não seja a melhor forma.

Eu sempre fui muito sensível, perdi as contas das vezes que chorei no banheiro do trabalho, na minha sala trancada, no colo de uma amiga, na frente das minhas chefias, das minhas professoras. Ah, como eu sou chorona! E por muito tempo me julguei por isso, porque achava que chorar demonstrava fragilidade, imaturidade ou sei lá mais o quê. Com o tempo, eu fui me permitindo ser eu mesma, sensível do meu jeitinho, mas verdadeira com meus sentimentos. E isso só me aproximou das pessoas, dos meus liderados. E eu não estou aqui dizendo que para estar perto dos seus liderados é necessário chorar! Está bem longe disso.

Eu sempre me aproximei dos meus liderados pela minha humildade em reconhecer as minhas fragilidades, mas também por procurar ajudá-los a superar as deles, sempre a partir de uma relação de transparência, tendo a verdade como centro. Quando eu "pegava no pé" dos meus professores, eu sempre refletia com eles: faço isso porque acredito em você, pois, quando a gente não acredita, a gente desiste das pessoas. E uma lição eu deixo: não desista das pessoas que demonstram vontade de aprender; desista daquelas que não possuem caráter, porque isso não está sob o seu controle, e formar caráter já é um departamento mais desafiador.

Quando eu falo em afetividade, eu reforço a importância de uma comunicação não violenta. Os cargos de liderança, muitas vezes, exigem dos profissionais uma postura diferenciada. O fato é que, se não formos cautelosos, acabamos nos utilizando de uma comunicação extremamente violenta, que pode vir a adoecer os profissionais que nos cercam.

É incrível como, muitas vezes, comunicamo-nos de forma violenta e nem nos damos conta. *Comunicação Não Violenta* é um best-seller, no Brasil e no mundo, que nos ensina a nos colocarmos no lugar do outro e contribuirmos para o desenvolvimento de uma cultura de paz. O autor, Marshall Rosenberg, apresenta os valores e princípios da CNV (Comunicação Não Violenta). A ideia é "levar as pessoas a trocar palavras de uma maneira que omite julgamentos, culpa e violência". Na verdade, é um desafio para a maior parte de nós utilizar a CNV no trabalho, no casamento, nos relacionamentos, na vida. Depois dessa leitura, comecei a me policiar mais, especialmente tentando controlar minha linguagem não verbal, cheia de "caras e bocas" (sou muito expressiva!). Cultivar as boas relações dentro do ambiente escolar é fundamental.

Quanto melhor o relacionamento do grupo de professores, maior a chance de aumentar a produtividade. E isso também é válido quando pensamos na dinâmica coordenador-professor. Quem trabalha feliz trabalha melhor!

Eu acredito em uma liderança que tenha como pilar a afetividade, mas não se deve confundir afetividade com permissividade. Liderar com afetividade é trazer empatia e compaixão para sua prática, e não permitir o que não deveria ser permitido para não se indispor e manter uma "boa relação" com o liderado. É, sobretudo, RESPEITO. Quando eu falo em permissividade, refiro-me às práticas que alguns profissionais adotam por preferirem não estabelecer limites e, consequentemente, evitar indisposição com seus liderados.

É sobre AFETO, é sobre lembrança, é sobre AMOR, é sobre ESCOLA.

São (no mínimo!) 200 dias letivos anuais, compartilhando educação, saberes e afetos.

A escola, como diz Emília Cipriano, é "lugar de afetos, de sonhos, de descobertas, de construção coletiva." E o "professor é materializador de sonhos".

Saberes e afetos do ser professor, de Emília Cipriano Sanches, é um livro que discorre sobre a relação entre saberes e afetos a partir da experiência riquíssima da autora.

A obra aborda também algumas definições do "ser professor", o que nos permite passear pela nossa trajetória docente e perceber o nosso valor.

Por isso, e por acreditar na relação afetiva como trampolim para o processo de ensino-aprendizagem, eu super recomendo esta obra!

DICAS PRÁTICAS SOBRE COORDENAÇÃO, GESTÃO E VOCÊ

Dica 1: seja o seu maior investimento!

Não espere que outras pessoas ofereçam a você ferramentas ou condições de que gostaria para aprender mais.

Busque conhecimento! Quem não o faz corre o grande risco de ficar para trás.

Invista em sua carreira. Ninguém investe em pessoas que não investem em si mesmas.

Coloque-se como prioridade. Isso, certamente, ajudará a colher bons frutos.

De nada vão adiantar as metas que você estabeleceu se você não for a sua prioridade!

Seja o seu maior investimento, porque conhecimento a gente carrega para onde for. E buscar aprendizado nunca é demais. Coloque-se como prioridade!

Dica 2: faça a diferença!

Qual é o seu diferencial?

A reflexão aqui é sobre o papel do coordenador FORMADOR!

Dominar um sistema e atender às demandas burocráticas de uma escola não torna ninguém "especial".

Você já parou para pensar que essas são atividades que qualquer pessoa, desde que bem treinada para exercer tais funções, consegue realizar?

Então, vamos refletir: o que coloca o profissional num lugar de destaque é a forma como ele lida e conduz os processos pedagógicos. É como ele se relaciona com a comunidade escolar, como orienta os estudantes e as famílias. É, também, as orientações que são dadas por ele aos seus professores, fazendo com que cada atividade proposta aos estudantes seja planejada a partir de uma intencionalidade pedagógica. Essa última é uma das atividades mais importantes de um coordenador FORMADOR, considerando que ele é corresponsável pelos resultados das aprendizagens dos alunos e pela busca da qualificação permanente dos professores. É função do coordenador viabilizar mudanças na sala de aula que impactem positivamente no processo educativo dos estudantes.

Se você quer se destacar no seu papel de coordenador FORMADOR, pense e invista nisso!

Dica 3: organize a sua rotina!

Que a escola é um ambiente cheio de urgências e emergências, acho que todo mundo sabe! Consequentemente, o tempo é um dos maiores desafios na organização da rotina de trabalho nesse ambiente. A rotina é cheia: são atendimentos aos alunos, aos professores, aos pais; reuniões com a direção; solicitações do sistema... e ainda tem o telefone que toca (e como toca!) e outras tantas atividades que fazem parte da rotina do coordenador que movimentam o dia a dia da escola. E é por saber disso que o coordenador precisa se organizar: para não ser engolido pela intensa rotina e acabar trabalhando como os bombeiros - apagando incêndios o tempo todo.

O que não pode faltar na rotina do coordenador? Essa é a primeira reflexão a ser feita. Tomar a decisão sobre o que priorizar também é muito importante para a construção dessa rotina. E como fazer isso? A gente precisa ir experimentando... Eu já fiz em documento do Word, Excel, em *planner*... Em cada momento da minha vida profissional, fiz uma escolha diferente. O formato dessa rotina, entretanto, não é o mais importante, mas sim o quanto ele está te ajudando a se organizar. E não se frustrem se nem tudo sair como planejado! É fato que acontecerão coisas fora da rotina. Ter, porém, uma rotina vai te ajudar a não perder o foco e a não se atrapalhar tanto com os acontecimentos "fora do esperado".

Dica 4: cinco prioridades da rotina do coordenador!

1. Atendimento aos estudantes e pais;
2. Atendimento aos professores (escuta atenta);
3. Planejamento das práticas formativas;
4. Orientações pedagógicas aos professores;
5. Observações em sala de aula.

A decisão sobre o que priorizar CABE A VOCÊ! Faça, portanto, a SUA escolha!

Dica 5: faça observações em sala!

Uma das mais importantes funções do coordenador pedagógico, para mim, é a observação das práticas realizadas em sala de aula. Mas, antes que isso ocorra, é necessário estabelecer uma cultura de observação pautada na ética colaborativa e na parceria. E que dicas posso trazer para você, coordenador, que deseja promover uma cultura de observação fundamentada na empatia e distante de atitudes que visam o mero apontamento de erros?

1. Não confunda a atividade de observar com a de fiscalizar;
2. Evite julgamentos: saia da posição de avaliador;
3. Planeje o que será observado e combine o momento da observação com antecedência.

Lembre-se: entrar em sala de aula sem combinar previamente com o professor não traduz uma cultura respaldada no respeito e na ética colaborativa. Encare o momento com empatia, pensando sobre como ajudá-lo a superar uma dificuldade percebida. Dessa forma, todos ganham!

Dica 6: como transformar reuniões formativas em encontros mais produtivos?

Não tem coisa mais desmotivadora do que promover um encontro de formação saindo com a sensação de que você não resolveu nada, apenas perdeu seu tempo precioso. Pior ainda se essa também for a impressão dos professores.

Pensando nisso, separei algumas dicas que vão ajudar você, coordenador, a construir — junto com a sua equipe docente — hábitos de investigação, discussão e problematização das práticas pedagógicas que contribuam para qualificar os processos de aprendizagem na escola.

1. Realize encontros formativos regularmente;
2. Decida os focos de formação a partir das necessidades do grupo;
3. Entenda esse espaço como uma oportunidade rica de trabalho;
4. Utilize estratégias formativas que contemplem as atuais necessidades dos professores;
5. Reserve um espaço para garantir que os participantes sejam ouvidos;

6. Planeje e prepare a pauta de formação com antecedência.

Experimente usar essas dicas! Ao usá-las, você mostrará ao professor que a proposta dos encontros é fruto de muito cuidado e atenção.

Dica 7: *Quem sabe faz a hora!*

Esta é uma dica literária, do mestre Cortella, e é uma obra bem recente, de 2021. *Quem sabe faz a hora!* foi escrito considerando, também, o contexto educacional durante a pandemia. De forma direta, e inspiradora como sempre, Cortella discorre sobre competências certas em tempos incertos, a partir de reflexões que norteiam empreendedores, gestores e todos aqueles que almejam ocupar cargos de liderança.

Então, se você quer um empurrãozinho para tomar iniciativas decisivas no campo da gestão e liderança, vale a pena a leitura dessa obra!

Dica 8: faça sempre uma autoavaliação!

Não dá para seguir adiante sem refletir sobre o que foi bacana e sobre o que ainda pode melhorar.

Parar para se autoavaliar é um desafio (e um exercício) que requer humildade. Essa avaliação precisa partir de você, pois é importante estar disponível para que consiga se perceber dentro do processo.

Lembre-se: a autoavaliação deve ser sua aliada e, para isso, você precisa aceitar (e querer) se autoavaliar.

Algumas questões norteiam o processo: Será que eu consegui ser um bom professor (ou coordenador)? Será que as expectativas de aprendizagem foram atingidas? As metas foram alcançadas? O que eu posso fazer para melhorar?

Não há "receita de bolo" para uma boa autoavaliação. O que ela precisa é acontecer de dentro para fora! Quem se autoavalia precisa se colocar como aprendiz, com humildade. Dessa forma, o processo certamente vai te ajudar!

Dica 9: não tope qualquer negócio!

Sabe aquela máxima que diz "o errado é errado, mesmo que todos estejam fazendo"? Ela é extremamente verdadeira.

E podemos ir além: o certo é certo, mesmo que ninguém faça ou que ninguém esteja observando a sua conduta.

Na vida, é importante manter a ética e tentar ser, o maior tempo possível, exemplo. Não se esqueça, entretanto, de que você é humano e, por vezes, vai errar. Aprenda com os erros, ajuste o necessário e siga o seu caminho, mas nunca tope qualquer negócio!

Dica 10: aprenda a ouvir!

Se há uma coisa que favorece o desempenho dos professores e melhora o clima da escola, essa coisa é o APRENDER A OUVIR.

Mas por que é tão difícil fazer uma escuta atenta? "Porque uma escuta sensível exige o esforço de, por um momento, deixar de lado as próprias necessidades." (Placco; Almeida, 2017).

Imagina fazer uma escuta atenta no meio da correria do dia a dia? É ou não é um desafio? Mas não fazer essa escuta abre espaço para uma comunicação truncada, que dá margem a interpretações equivocadas. Sem falar que ser ouvido significa "ser levado a sério", sentir-se valorizado e ter suas ideias validadas.

Que tal fazer o exercício de se colocar no lugar do outro e procurar uma forma de promover momentos de escuta atenta?

O INSTAGRAM E A AUTOESTIMA

O Instagram estava em alta e era uma forma bacana de mostrar o meu trabalho. Mas eu sempre fui tímida quando o assunto era falar sobre mim ou sobre a minha vida. Também não me sentia à vontade para aparecer para desconhecidos, gravar vídeos. Tudo isso dificultava um trabalho em redes sociais. Mas eu tive duas incentivadoras, que me fizeram dar o primeiro passo: Amanda e Manu, duas queridas que tenho por perto e que também foram grandes incentivadoras para a escrita deste livro.

Mas o que o Instagram tem a ver com autoestima? Eu sempre soube do meu trabalho, dos meus estudos e dos meus esforços para dar o meu melhor em tudo que faço, mas a verdade é que a gente nunca se acha essas Coca-Colas todas *risos*. Quando eu lancei esse projeto, eu fui muito apoiada e recebi um retorno que não esperava. Professores, estagiários e coordenadores que passaram por mim trouxeram os mais ricos feedbacks sobre como eu contribui, como inspirei, ou até mesmo relataram como aprenderam comigo. Posso garantir que nada foi tão gratificante quanto sentir que fui/sou capaz de tocar /formar pessoas. E tudo isso me fez compartilhar uma reflexão com vocês:

Como você gostaria de ser lembrado?

Talvez a sua resposta tenha sido "Como alguém que marcou a vida do outro!". Mas como você gostaria de marcar alguém? Positiva ou negativamente? Sim, essa reflexão é importante. Normalmente, as pessoas querem ser lembradas como alguém que estabeleceu relações afetivas valorosas, mas a verdade é que podemos deixar impressões boas ou más; que potencializam o que outro tem de melhor ou que provocam sentimentos que destacam suas fragilidades. Muitos querem ser (positivamente) eternizados. Às vezes, a nossa profissão pode possibilitar que isso ocorra. E não tenho dúvidas de que nós, professores, somos eternizados nos nossos alunos.

    O Instagram chegou para mim como uma oportunidade de me reconhecer e de poder, através da minha história, inspirar pessoas.

A SÉRIE "EU APRENDI COM..."

Tudo que eu aprendi e conquistei até aqui, para além da minha força de vontade, do meu investimento pessoal, teve a contribuição de grandes pessoas e profissionais, que acreditaram em mim. No Instagram, lancei a série "Eu aprendi com...", justamente com o objetivo de agradecer a todos aqueles que me ajudaram nessa caminhada.

Marlene Floro e Cledson Roberto — a influência mais importante: a da minha base!

Meus pais (juntamente a outros importantes familiares) são os grandes responsáveis por essa base. Eles me ensinaram os valores e princípios que me norteiam e me transformaram na mulher que sou hoje!

Mas, particularmente, mainha foi aquela que, além de me gerar, sempre me disse que "conhecimento ninguém tira da gente", que "o que a gente aprende não se esquece". Ela nunca se importou com roupas novas, móveis novos... tudo que ela tinha era pra gente e em favor da nossa educação (minha e da minha irmã gêmea), nada para ela própria. Ela me ensinou, por toda a vida, a valorizar a educação! E eu me orgulho em dizer que aprendi! Consegui ingressar numa universidade pública, onde eu me graduei e, pouco depois, me especializei. Hoje, continuo me atualizando e sou muito feliz com tudo o que conquistei através dos meus estudos! E concordo que tudo aquilo que aprendo será meu para sempre!

Com meu pai, eu aprendi a ter uma sensibilidade gigante e um coração humilde. Tinha tanto carinho envolvido na nossa relação que isso me motivou a buscar o mesmo com a minha filhota. Painho sempre foi apoiador de todas as minhas decisões. Em especial, aprendi com ele a servir as pessoas que podemos ajudar (agora, suas refeições não entravam na conta. Nesse caso, ele só queria ser servido).

Obrigada, mainha e painho, por todas as lições tomadas e por tudo que abdicaram por mim!

Moacir Machado — à época, diretor de ensino do IFPE - Campus Recife, enquanto eu era estagiária do setor. Aprendi muito com esse mestre, sempre preocupado em me fazer entender o que eu estava fazendo. Eu fazia análises e pareceres pedagógicos, com base nas normativas da instituição, e ele me sabatinava com os mais diversos questionamentos para certificar-se da minha segurança na avaliação prévia. Como eu aprendi com ele, que também era um exemplo de comprometimento com a educação. Ele me presenteou com um livro, que tornou-se ainda mais especial pela dedicatória que fez. A obra é de autoria de Doug Lemov — especialista em efetividade do aprendizado — e apresenta técnicas que ajudam os professores a alcançarem o sucesso em suas práticas. Essas técnicas vão desde a elaboração de um bom planejamento de aula até aspectos da dinâmica professor-aluno (orientando, por exemplo, a como estimular os alunos a pensarem criticamente). Obrigada, professor, por ser a minha primeira referência!

Márcia Siqueira — o ano era 2014, eu era coordenadora do primeiro ano do ensino fundamental. E, em reunião com a supervisora Márcia, aprendi que não devemos justificar os nossos erros apontando os dos outros. Isso pode parecer óbvio, mas o fato é que, muitas vezes, quando estamos sendo avaliados (e até mesmo "apontados"), enxergamos logo os defeitos dos outros e tendemos a nos comportar de maneira reativa. E foi assim comigo: era uma reunião, e estávamos sendo questionadas (eu e as outras coordenadoras) sobre o cumprimento de prazos. De imediato, rebati: "mas e isso?", "e aquilo?" (apontando os erros do setor que estava fazendo "queixa" da gente). Nesse momento, de forma bem precisa, Márcia me olhou e disse: "Sheila, a gente não justifica os nossos erros apontando os erros dos outros!". A consequência imediata dessa fala foi um minuto de silêncio e olhos cheios de lágrimas (fiquei com vergonha, claro!). Mas aprendi! Desculpei-me pelo meu comportamento, e seguimos a reunião. É assim a jornada: vivendo e aprendendo, gente! Acertando e errando! O importante é sempre ter a maturidade de reconhecer os erros e extrair deles, coisas boas!

Obrigada, Márcia, por ter acreditado em mim!

Marta Monteiro — Marta, com seu sotaque mineiro e personalidade cativante, entre tantas outras coisas, me ensinou que podemos falar tudo o que queremos, desde que isso seja feito com BONDADE! E não é qualquer bondade: é aquela genuína e verdadeiramente empática. E é isso que eu tento fazer nos momentos de feedback! Tenho me policiado para não utilizar uma comunicação violenta, e o jeito mais fácil para conseguir fazer isso é sempre me colocando no lugar do outro.

Quando algo errado ocorre, o objetivo prioritário não deve ser procurar culpados, mas encontrar a SOLUÇÃO! Nessas ocasiões, precisamos verificar o processo antes de focar na pessoa! E, claro, aprender com os erros para não voltar a cometê-los. Obrigada, Marta!

Stellio Mendes — um dos idealizadores da Flicfeira, Stellio me ensinou que não importa o tanto de poder que você tenha, a humildade sempre deverá prevalecer. Eu nunca vou me esquecer de todos os olhares de apoio que recebi dele enquanto era diretor (e eu uma das coordenadoras) numa escola aqui de Recife.

Eu me sentia acolhida por ele. Liderar com humildade não é pra todo mundo, e essa virtude Stellio me ensinou! Gratidão, querido, por todas as trocas e por tudo que tive a oportunidade de aprender com você.

Sara Bragg — era um dia difícil, um dia DAQUELES! Daqueles que parece que tudo dá errado! Daqueles que a gente planeja, planeja, mas não acontece como desejado! Daqueles em que uma mistura de ansiedade e medo tomam conta, e o coração fica bem apertadinho! Sara sabia exatamente do que eu precisava naquele momento: de um abraço! E, enquanto eu me balançava em seu abraço, ela me corrigiu: "Me abrace direito!". Eu, depois de ouvi-la, me dei conta de que realmente não abraçava as pessoas direito. E nem me deixava abraçar direito. Ah, como aquilo foi importante pra mim! Depois daquilo, eu passei a me perceber e a me abrir para as emoções!

Eu aprendi que o abraço acolhe, acalma, diminui o medo, a ansiedade, o stress e traz tantos outros benefícios! Obrigada, Sarita, por me advertir na hora certa!

Rosa Farias — sabe quando a gente começa a fazer as coisas no "automático" e a rotina da escola termina nos engolindo?

Eu estava numa fase assim quando Rosa sentou ao meu lado e me fez refletir sobre a importância de planejar, seja qual fosse a atividade, a partir de uma intencionalidade pedagógica. Ela me fez lembrar que, quando a nossa ação é consciente e nos implicamos no processo de ensino-aprendizagem, assumimos o compromisso de, junto ao professor, conduzir o aluno à aprendizagem.

Não há espaço para "fazer só por fazer"! E isso eu aprendi com Rosa! Gratidão, Rosa! De lá pra cá, tenho estado mais consciente de minhas ações pedagógicas (atribuindo verdadeiro sentido a elas) e venho, também, orientando os que me cercam a fazer o mesmo.

Quando falei com Rosa sobre esse projeto, ela acrescentou: "Sheila, Padre Airton tem uma frase de que gosto muito: 'Se o para que não está claro, nada do que se faça terá sentido'." E essa frase resume o que eu aprendi com ela.

Betânia Ferreira — esse foi o mais ousado de todos. Escrever para a professora Betânia sempre foi um desafio. Primeiramente, porque domínio da língua portuguesa ela tem de sobra (e ainda me dava umas aulas!)! Depois, porque escrever sobre o que aprendi com ela não é nada fácil. Então escolhi escrever sobre aquilo que mais me marcou e que vou levar comigo para o resto de minha vida: ao aceitar a proposta de emprego que ela me fez, eu aprendi a acreditar em mim, a confiar no meu trabalho.

E isso só foi possível porque ela me encorajou através do seu exemplo. E, claro, acreditou em mim (mais do que eu até!). Nada que eu escreva será capaz de demonstrar o tamanho da minha gratidão.

SOBRE FÉ, AMOR E SONHOS

Foi a minha relação com a fé que me fez concluir essa obra. Durante o tempo em que fui diagnosticada com burnout, eu comecei a rezar o rosário da madrugada, às 4h da manhã, referente à Quaresma de São Miguel (crença católica). Eu estava perdida, pensando sobre as escolhas que fiz e que custaram a minha saúde, carregada de culpa por ter "perdido" muitos momentos importantes dos três anos da minha filha. A cada rosário, uma pregação que parecia ter sido feita para mim, que me fazia enxergar que as adversidades nos aproximam de Deus e que tudo aquilo que eu achava que era fé estava muito longe do seu real sentido. Eu participava das missas aos domingos e até participei de movimentos da igreja, inclusive servindo à comunidade, mas era tão pouco o que eu acreditava ser muito. E esses dias, estando mais próxima a Deus, me fizeram retomar esta obra, que não deixa de ser um testemunho, e que, para além do objetivo de inspirar pessoas a correrem atrás dos seus sonhos, procura ensinar pessoas a cuidarem de si e, sobretudo, da sua fé e da sua relação com Deus. Eu concluí a escrita desta obra em meados de setembro de 2024, quando ainda era diretora pedagógica, e, somente em janeiro, quando já não estava mais na função, finalizei os ajustes junto à editora. E posso compartilhar uma grande lição: *Dos corredores à direção* não enaltece um cargo, mas reflete sobre o quanto é fundamental você assumir a direção da sua vida, fala, sobretudo, para qual direção você deseja seguir, fala sobre escolhas.

A educação é uma das minhas maiores paixões, e o meu sonho é idealizar um espaço de educação onde eu possa pôr em prática tudo aquilo em que eu acredito. Esse é o sonho que eu ainda não alcancei, mas vou correr atrás para alcançá-lo. E essa obra, que é, sim, mais um sonho realizado, também é um convite para você correr atrás do seu, ainda que ele pareça grande ou distante demais!

"Você é o seu único limite!"

Acredite em VOCÊ, no seu trabalho e nos seus sonhos!

REFERÊNCIAS

CORTELLA, Mario Sergio. **Quem sabe faz a hora**: iniciativas decisivas para gestão e liderança. São Paulo: Editora Planeta, 2021.

LEAL, Telma Ferraz; ALBUQUERQUE, Eliana Borges Correia de; MORAIS, Artur Gomes de. **Alfabetizar letrando na EJA**: fundamentos teóricos e propostas didáticas. Belo Horizonte: Editora Autêntica, 2010.

LEMOV, Doug. **Aula nota 10**: 49 técnicas para ser um professor campeão de audiência. 3. ed. São Paulo: Da Boa Prosa: Fundação Lemann, 2011.

MONTEIRO, Elisabete et al. **Coordenador pedagógico**: função, rotina e prática. 1. ed. Coordenadora geral Ana Inoue e Cybele Amado; coordenação pedagógica Beatriz Gouveia. Palmeiras: Instituto Chapada de Educação e Pesquisa, 2012.

PLACCO, Vera Maria Nigro de Souza; ALMEIDA, Laurinda Ramalho de. **O coordenador pedagógico e a legitimidade de sua atuação**. São Paulo: Edições Loyola, 2017.

RODRIGUES, Léiva; GUEDES, Katilvânia; HAIDAR, Verônica. Formação nos municípios: a função formadora dos coordenadores pedagógicos. **Avisa lá**, [s. l.], 2006.

ROSENBERG, Marshall B. **Comunicação não violenta**: técnicas para aprimorar relacionamentos pessoais e profissionais. São Paulo: Editora Ágora, 2021.

SANCHES, Emília Cipriano. **Saberes e afetos do ser professor**. 1. ed. São Paulo: Cortez Editora, 2019.

SOARES, Leôncio. **Educação de Jovens e Adultos:** o que revelam as pesquisas. Belo Horizonte: Editora Autêntica, 2011.

WEFFORT, Madalena Freire. **Educando o olhar da observação:** aprendizagem do olhar.